Saattaisi sataa tähkäpäitä

Runoilija: Rami Laine

Kannen kuvitus: Kiia Sandberg

© 2018 Rami Laine

Kustantaja: BoD – Books on Demand, Helsinki, Suomi

Valmistaja: BoD – Books on Demand, Norderstedt, Saksa

ISBN: 978-952-80-0231-4

Puhkaisu

Selkä edellä hyppäsin sillalta Vantaanjokeen ~
joen silta väreili, tytöt sen kaiteella auringon säteissä, taivas
vajosi taakseni ja lauloi.
Mykät kuplat suodattivat helinää kuuroissa korvissa, solisivat
kirkkaina ylöspäin – ja valonsulka tanssi niissä
            vajosin säteittäin, äkkiä
keuhkot pakottivat ja kudokset herättivät runoilijan - sukelsin
ylös alas,
pinnalta pinnan alle ja takaisin -
            muistan huutaneeni, muistan
                        vain rakkaus sattuu enemmän.

Hämmentynyt vapaus

Kuin kaikissa kesissä kevään pakkanen kukkii
kukkasipuleissa,
aikaisempi kevät toi sen päivän maaliskuulta
kun räystäiltä valuu aurinko ja kiteestä menneitä
simpukankuoria -
helmiäisen välähdyksessä sädekatos,
jääpuikon sulavesi vapautuu ja vapautuu,
vapautuu ja juoksee -
tipoittain pyörähtelee paikoillaan   viherpeippo
juo jäänraikasta vettä -
kataja värisyttää kevättä ja oksat ponnahtelevat
märästä lumesta.
Oksien harjanteelta käy pikkulintujen riippusilta
aidalle –
missä aikaisempi kevät kävi, sataa nyt räntäistä
lunta.

TOINEN ELEMENTTI

Kauppatorin rannalla juon termarikahvia
auringon kanssa
hylje suunnistaa aavalle ja takaisin,
notkeudessaan ja kimalteellaan jumalolento -
        se nukkuu yön meren mainingeissa,
        kun Helsinki valvoo taivaansillan alla.

Sanon, että silakkameren kuulen, sen parvivat
liikkeet väreinä korvissa -
        ja niin kuluu alkukesä,
harmaahylje makaa rantakalliolla, syön silakoita
rannalla
ja katson laiskasti aavaa -
hylje kääntää kömpelön kylkensä,
auringon kimalluksen liukuaallolla etenen
rantaveden pohjia myöden kilometrien päähän,
äänien edetessä
    vielä kauemmaksi

OTETTU AAMU ANTAA

Kalliosuojan uurteissa käsi, oma, verinen vielä –
                              kuivunutta
vaikka hiljaisesti oli sadellut jo aamuyöstä.
Varhaiskeväinen kallio hohkaa riippunutta *lihaa,*
resonoi *raakunta* varisten.

Löytöpaikan läheiset linnut –
mustarastas, -pari, ja yksi perikunta –
yhden lihavan madon vain kuin nähneenä
kertoivat kertomattomuuttaan pisteiset, mustat
silmät
        kiemurtelevat, juotikas tiukasti nokassa,
hiekkaa jaloissa
                mato matkansa äärilaidalta hetken
                        kadotetussa

 ja aina huoleton
                liituraitafrakki
                        niin puolueeton
silmuisen puun oksalta saattelee
niin kauas kuin kevät keinuu hautakuoppaansa,
    aika sammalrungon yli hypähtelee

paljas puun latva tietää paljon omasta paikastaan,

vanhuuttaan kallion päällä kaksi harmaata
pystymäntyä,
väestönsuojan tuuletushormi on kaulastaan nitkahtanut
– kumartanut on **myöhäisempi** *hetki*
montaa sen ohikävelijää.

(Tuona Ruusun päivänä – kylmätihkuisen aamun
avautuessa löydettiin Malmilta kuollut mies.)

TUULIA

maailma on vain, on aina ollut ja kehittynyt,
kuin sinäkin - siihen heräsin
kuinka vapauttavaa minun on pyyhkäistä tuulien
lailla
alastonta maata
ja nyt vain vasten vatsasi ihoa
katson sinua

    korvalehtesi henkäys
    lehtipuiden salaisuus
    huokaus hiuksissasi

IHMISEN TIELTÄ

kultarikontien sinitiainen lensi aikaa sitten pois

sinirikontiellä lehtimetsä on jo kaadettu

    kolmantena päivänä
hautovan illan alla tuoksuu vihta,
    kuivuvien lehtien sato mustavalkoisissa
    rungoissa

    ukkonen painostaa

pilvinyrkit avautuvat
        hiljainen pilvimatto on avoin kämmen –
sinitaivaan laajuinen.

Sen rauhan rikkoo taivaanpiirtäjien laulu,
kirskuvasirppiset haarapääskyt korkealla.

siltä paikalta kohta kukkiva tuomi on
                    keskeltä heteisten hetteiden
olen yksin tässä yksin
            yksin eminuppu vihertää auringon
            tuoksusta uuden makeuden,
            kukkien siiteuute sisältä ratsastaa
            ja kellertävän pölähdys nostattaa
                        hiljalleen asettuu..

olen yksin tässä yksin
            yksin lakat liukuvärjäävät maan kynttä,
            laajentuvat valkovuokot tähdissä
            kun terälehdet sakartuvat silmissä
            pupillit supistuvat tarkkuuttaan, tuoksusta
                        kukkien
                        kukkaisten

ANTAUTUMINEN

nurmella lepattaa viltti, eväskori on aukaistu ja piknikmarjat
esillä
meri on purjeveneistä pullollaan,
Suomenlinnan edustalla aalto kimmeltää, kallion jäkäläiset
luomet aukeavat,
graniitinsirut näkevät uuden kaukaisuuden

matruusin kaukoputki kohdentaa satamaa

pihlajanmarjat notkuvat tuulessa
elokuun lämpö on tuottanut painavia siementerttuja -
lokinparkaisu taivaanlennossa, pilvet lipuvat syliin
jossain skumppapullon paisunut korkki paukahtaa

valkoinen lippu lepattaa
ruoskii ilmaa

takana aavan avautuu puna
aaltojen syke rusottaa horisonttia

tämä paikalliskapakka
on savuinen ruispelto

yhä pinnallisempi on sinusta juopuneen silmä
yhä enemmän pistää ohraripsi lasiaisessa

vartalosi tanssi saa hien pisaroimaan lattialla
            lämpö penetroi ihon -
sinun ihon myötäisessä liu'un,
            ylätopin alta yli alaselän hymykuoppien -
aina satiinin peittämien pikkuhousujen imuun
            valuva pisara kerrallaan kuivuu

kiemurteleva vartalo saa liekeissään
                tulen hyväilemään
            viilentävästi ihon alakuloa

JASMIINI

sitruunaperhosen siiven katkeronherkän
maa loi
    ulpukan makeudella,
kosketuksen terälehdellä
kohoavaa nuppua
täydessä kukassaan ilman
            jasmiininaprikoivaa ihoa -
            ihoa rakastuneella
lumikonvaaleaa karvaa
        balettimaista,   taivaista!
                        tulisuutta!!
        selkärangan fasettinivelissä;
jumalten juurihermoissa
            taipuisuutta!
kirkkaanpunaisten huulten Amorin kaaresta viulunkielen
kireyden virva viruu valkeaa.
Valavihkiöisen rivistön
            uusi kuu
värjää valkoiseksi.

hiekanjyvä vapautuu kalliosta

      tyyneyden jylhä lisääntyy veden
      vapauttajasta

kävele paljain jaloin lempeni rantatyttö
upota jalkani santaan
huuhtoo kosketus kehräsluuta
               vaahto pärskähtää

      polvitaipeesta
               pisarana valuu alas

      meren aallot lyövät

      et ylemmäs antanut lupaa?

MESI

neilikat kukkivat,
kylvetty kaksivuotinen
        viime kesänä
        lumi satoi päälle
        ennen kuin puhkesivat
                jänis vielä söi
                ruohotuppaat kaivoi
                        maata myöten

tuoksuvaisia hennon punaisia,
oppineidenkukista apiloihin
        perhonen myötäilee väreihin
        pidemmät kannukset siivillä,
                        erisortimenttiset lajit -
                        yhden ja saman
                        emigrantti ja ritari

höyhenpyörre sukelsi syviin hiuksiin
tyttö haukkoi pehmeästi
tyynyn höyhenen piiskasta
pojalla oli vain pehmyt kudos
paisuvainen kovuutta täynnä
uutta tulevaa elämää,
poika silitti tytön ihoa
poskien ihohuokoset syvenivät hengittääkseen
entiset ohuet tuntojäljet kapaloiksi.

ilman romantiikkaa
osaat ottaa ilman suudelmia
kun riisuudut
orjien kukka vapauttaa minut
kuka tahansa on vapaa allasi,
salli huulieni täyttää ihosi -
kuuman hengityksen leikkiä
yllä pitää liekkiä
nännipihasi viattomuudella

pakkasaamuissa punatulkkujen lyhteet hohtavat
okraa
talven rintaranka nipuissa,
nikamissa taittuu helmiratas
juuri sulanut

maalisvesi kirkaskylmä

Aurinko tuoksuu
ihosi lämmin siite.

Kirkas hikipisara pusertuu ulos puhtaasta
huokosesta
valuu rintaa pitkin
            ahmien ihoa
taittaen hienon hentoja ihokarvoja
valoi läpinäkyvistä näkyviä
                    tunteita siitä että edes joku
joskus koskettaa,
sormenpään hersy

    tavoittamatta odottaa suuri elämä kypsyvässä
kirsikassa
suuri kivi sykkii.   sisältä sykkii suusta ulos

jo kolmessa viikossa runsaseritteisen koivun
mahlasta
lehdet räjähtävät kädenlämpöisen toukokuun
aamusta

    silmillä tytön
    hiukset kiiltelevät yön tyyneydestä
    juuresta tyveen
    olkapäillä laskos

    kirkkaana aamupäivänä
mies viheltelee linnunlaulua mennessään

on niin aurinkoisen lämmin, puut
notkuvat talvehtineista linnuista hiljaa
        kunnes odottava
        soidinlaulava
        on kesä

hiuksesi tarttuivat partaani
kun nauraen kierittiin kostealla nurmella
Suomenlinnan kesässä,
piknikviltti ja vesimelonit pisaroivat sateesta

villiviini kasvaa, kesä punastuu
muiden malja, meidän humala

sormenpääsi pysähtyvät, ihmettelevät ihoa
sydän sykkii ylilyöntejä rakkaalle -
sinussa juuri leikatun nurmen tuoksu

hyvin viilatut kynnet ovat vaaralliset
vahvempi sipulin itkua
kuultavasti lakastuvat terälehdet

KEVÄTIKKUNA

Ikkunan harmaakaihi; selästä katsottuna
harmaa lokki mustuu kaukaisuutta
                    kevät kasvaa keltaisenaan
        valoon kurkottavista leskenlehdistä
pihan tyhjät keinut heijaavat sivusuuntaan -
kukissa kimalaisen raskas humalainen lento
siivet täynnä siitettä,
pöly kutittaa nenää -
verhot heiluvat avoimesta ikkunasta
                    vilvoittavassa tuulessa on
                    auringon kehräävä surina.

HERÄÄMINEN

Tyttö nukkuu
    vielä auringon yöstä tulleena
        kirsikkapuun ympärillä usva
        pisartaa nurmelle kasteen silmän

valosiima herää,
    pilkkii aamun lehdet avautuvat
                suurten rauduskoivujen takaa –
avaamattoman ikkunan takana makuuhuone on kuuma
        raukein pimennysverho
        on tytön peitto, joka
            jättää peittämättä
                reiden sisäsyrjältä

        unelias avonainen verenpurkauma iholla

            olen musta siipikuvio
            ritari silkkiperhosen iholla
            – sileään nihkeyteen levittäydyn

    kudoksissa taistelen vastaan
    häviän, imeydyn mustelmana pois

poika avaa ikkunan, tuulen pyörähdys käy unessa
nukkunut, herätetty hetki

YÖN RUMBA

Sokea tyttö tanssiin tanssii,
            hiljaisen tanssin keskelle,
hillittömämmän yksinäisen valssin -
            kaikkien keskellä valtoimenaan nauraen!
Näki kaiken kiiltävästä parketista, kristallikruunujen valon
taitteista, säihkeistä värien! martinilasin jalasta jalkapohjat
kihelmöivät
 sihisevät kuplat samppanjoiden haukkovat pintaan
            pintajännityksen
            puhkaisten ihmiset hymyihin valkoisiin,
            avautui kulmahampaan kiilteestä koko maailma -
            vain tämän hetken,
tästä elämästä.

Ei tanssiessa tarvinnut valkoista keppiä, ei tanssikenkiä,
korkeita korkoja kompastuksen aiheita - vain paljain jaloin
hänen tukkansa jaksoi hulmuta -
hänen vaniljainen tuoksunsa voimistui vartalon kuumetessa
sydämen sykkeestä kaulaverisuonien kuohun saattoi kuulla,
                        jos uskaltaisi,
päästä lähelle.

Nuori poika hengästyy, toisinaan kuoleman edestä - sen pelossa,
ei vain juostessaan taisteluhaudoissa -
kuitenkaan niin vahvasti,
kuin vain ainoastaan hänen katselemisestaan.

Tuo kaiken näkevä kaunis sokeatyttö näkee kaiken tanssiessaan -
vain peilikuvansa hän näkee tuon pojan kyyneleestä.
Niin hän on sanonut, niin hän on opettanut tuon pojan rakastamaan - sillä niin hän näkee sirpaleista sydämen sisään. Muut ovat hänelle sydämettömiä, jää ei ole aivan kuin peili.
Kun se petollisesti sulaa, se katoaa.

TÄHKÄISÄ TALVILÖYLYSSÄ

Puhtaat valkoiset pitsipöksyt valkoisella pöydällä
odottavat hillitysti heitettynä

kovan pinnoitteen alla lakkakyynelikkö laulaa
pehmeän kuvioidun pitsin kohoavalle
lumileinikin aamukastetta kuohkeammalle iholle.

Pakkasen halkaisemat huokoset heräävät
saunan lauteilta, puna höyryää pukuhuoneeseen

tiivistyy ilma peilissä

kuin käsivarret huojuvat

talviunessa heinätuulen kuuma
kypsä tähkäisä lämpö hautautunut lumeen

peltoaukean aavatar
puuterilumi rinnalla kiemurtelee kevyenä
tammituulen ruoskansivalluksista pehmenevät
sydänkesän ruiskaunokit

ihosi on pehmeää -
samettiviskin kosketus kielellä,
huokoinen pehmyt on sormeni jano,
    huumaa suupielet,
    kuulaan savun aamukasteiset nummet, ja sinut
        kun partani riivaa olkapääsi ihoa

kattaus sekoittuu ja pöytäliina taittuu sormiesi
välistä
kristallilasi särkyy lattialle
pohkeet huojuvat ilmassa
        reisi-ihosi sileys on
        samettiperhosen laskeutumisalusta - olen
työtön mies ilossa,
        hiki kasvaa karpaloilla
        jumalien huokaukset ikkunassamme
        valuvat vesihuurua
                pisaroina
                hiuksesi jäävät tukkasotkalle,
        kampaan sormillani sinua ja
        kuulen kuinka seireenien syreenit
        korjaavat hiuspinnien satoa

Hetki

hetken,
hetken vain tuuli saattaa lunta vaakaviistoon,
ikkunan sisäpuolella vaalea ruusu keittiönpöydällä
avoin kuin täysi sinimaljakossaan seissyt puhdas vesi
        sormenpäissä karhea tyven
        kädenjäljissä hento ruusuntuoksu
        terälehti hapertuvassa ilmassa

ihmisjoukon keskellä soljuu jazz,
pehmeä saksofoni saattelee tyttöä
Esplanadin puistoon
hän kävelee paljain jaloin lavan editse,
korkokengät heijaavat kädessä kuin samppanjalasit
        soljin kilahtaa silmään -
lusikan pilke sormien päissä ja auringonsiru teessä
sakkaantuu
        hunaja sekoittuu
        pikkulapsi kävelee kädestä kiinni pitäen
        muiden alta rohkeasti arastelee,
        äidin käsi luo turvan, peukalonsileän

astu maalaukseen, tytön käpertyvä iho huutaa sinistä
kättä silittääkseen
reunojen sisältä, kankaan välissä
neitokärpänen pieni ja hentoinen

pitää valkoisesta pellavasta, muistuttaa
tummista tuhnusukista, niihin laskeutuu

ja äänetön on pienten siipien sironta

auliiden verkkosilmien takana, kaikki on uutta ja viatonta
soukan keskiruumiin aistimus
vaeltavilla käsillä

sinusta aina ennen näin minut
miksi et enää tunne minua?
minut huomaa vain minua kiertävä savu
se ei ole tavallinen,
se tuoksuu kerkkää kun
mäntypihka tuo lokit mereltä.

olen kevyt lintu,
sininen atlas sisälläni
meret sekoittuvat makeaksi,
ja suolaa sinun makusi aistii, kasvoni henkäyksen.
tuuli sekoittaa pään, puhdistaa ajatukset, juuret sinuun
vahvistuvat hiukset kosteat

Punaiset tulppaanit itävät
vedellä sidottuna vapauttavat makeaa tuoksua,
luin salaa luvun päiväkirjastasi
          en tunne tuoksua jonka jätit

          yömyöhä on varjeltu,
          papereilla lepäävät kauniit yöt
          haluavat minut,
          toisinaan käyttävät minua kauheuksiin

en näe sitä merta, jonka vaahdoissa aina peseydyit

sydämeni sykkii kapillaarirakkautta,
vartta vasten jasmiinilumme nostaa pisaranmuotoisen
sydämen
riippuvan siemennyksen luo pinnanalaisesta vedestä

taivas on lipuva ja juurillasi
tummien vesien varjoissa kalat uivat

seisomme järvessä ja
jalkani menevät kylmästä kuolioon

sinä nautit ja naurat niin että järvi yhtyy meihin
olet niin veden lapsi että löydän itseni kanssasi uivan

HILJAINEN HETKI (vaikka oodille)

Sataa hiljaista lunta,   valkoista kohinaa päättyneen
sinitaivaan alta.
Oi riitteessä oleva!   vielä puiden oksille tarttunut
lumipitsi
          tee minulle lumienkeli
          varkain tuulen suhinalla
auringon siteet kimaltelevat hetken - *revetessään*
*irti*ottoon
kuuran kiteistä!
          Kalliolohkareiden varastoitunut kylmyys
          kipunoivassa pakkasessa

kengät narisevat pakkasessa,
kaiku kävelee tiiliseinissä
rappausten välistä
            sorisee tipahteleva biitti
            huppupäinen poika värisee sisältä
            kuulokkeihinsa uppoaa

aamusta ohimennyt
kevään ensi lämmin
tuuli tytön rinnoilla ja varpunen päästää liverryksen
eksyneenä parvesta
lämpö tahrana untuvassa

maaliskuun soidin ei pohdi, eikä kevättalven
kenraalisydän käske
            ukkovaris taapertaa ylväänä, käy naaraissa
untuvikkoihin kasvaa risuinen pesä, haudotut munat
kuoriutuvat ajallaan
rikkoontuvat nälkäisiksi suiksi pesän suulle

PEHMEÄSSÄ LUMESSA ANKARA AIKA

Pureva pakkanen pehmeässä lumisateessa
varpusaamuna lumi kehystää valkoista
pumpulimaisemaa
ikkunan alakarmi kahdeksatta viikkoa raskaimmillaan,
on talvi
lumiaura edestakaisin,
        lähes päivittäin jok'aikainen aamu,
keltainen kissansilmä katolta vinkkaa kaikista
ikkunoista.
Sisäpihan ympäri.
        Kaikkiin suuntiin se näkee, ankarinkin aika.

ISKETTY TULI

tytön ryysyt ovat pojan
leikkikaverin taivaalliset tamineet

katajan kuoresta pyöritelty pallo
kuivatussa taulakäävässä kytee kipinä

tulusraudasta kiveä vasten
            rakovalkea piikiven urasta

punosta oljessa
kehrätyn langan sisällä hehkuva tulirautalastu,

syteen sydän
syttyy

nuotio ottaa pannun pohjan nuollen
teehetkessä enkeli sinun vartalollasi
sulaa sormenpäittesi kosketuksesta
oranssista, lämpimästä tinamukista

8. huhtikuuta

Naisen ääriviivat sulautuvat
kevättalvessa
kynä maalaa sirottunutta tekstiä.
On kevät, Albert Edelfeltin käsissä
pöydällä nojaa postikortti naisen
- mallista maisemaa
nojaten kukkakedolla poimimaton,
puun varjossa punertavan
kukat lasimaljassa
pitkäkaulaisessa
kaksi punertuvaa gerberaa
eilisestä
        tarjottimella kuorrutusta
            kinuskikakun palanen pöydällä.

Pilvet lipuvat auringonlaskua
lammen peilikuvassa
        jossain kaukana soi viulu

- ensin haikea muuttui raikuvaksi tempoksi -

pikkukalat haukkovat pinnalla, vedenalaiset suudelmat
synnyttävät sykkien vesirenkaita
        viulun kielen soinnista pulppuaa leviävä kosketus

        olen sinus rytmisi kanssa.

VERSOVA VERI

villiruusu, vielä nupuillaan oleva!
            juuri maasta hersyvä
aitan nummitiellä otettu,
riistetty juuri -
minulta sai elinvoimansa!!

juuri silmäsi ripsien hento
harsova ote menneeseen
rapistuu hellyydellä harjaten multa

pohjukka rosoreunainen,
rosénpunainen aukko haukkoo hiusmurtumaa

nuori! veri rihmaa nuorta, uutta mukulaa -
metsokukkojen taisteluhaavoista

niin tuoksuva
ja kuoleva on elinvoimainen hede
lakastuva lehti terässään

Laineilla

tyttö päiväperho hiuksissa
poika soutaa,
vesivana on hiljainen

airot rikkovat pintajännityksen ja
veto synnyttää pyörivän uppopisaran,
lumpeet niiaavat kaislikossa

vesirenkaat eivät vanhenna rakkautta
väreilevä enkelinkasvo vedessä
tytön hymystä aurinko pilkahtelee laineissa

hymykuopat synnyttävät perhosia vatsanpohjalle,
eikä soutaja huomaa käsissä hiertyviä känsiä

lapaluut ovat ihmisen siivet,
tyttö lähes läpinäkyvä siipirikko
lipuva joutsenpari päästää lähelle

SADEVAIKUTUS

ukkonen jytisee täältä kaukaisuuteen
mutta sade jo alkaa
rapeilee valkoisiin kivilaattoihin, rosoisiin sepelpintaisiin

helma repeää taivaalla
jyrähdys *ratkaisee* ilman, marjapensaat helliytyvät
villiruusu kuumaa,   viileää ukkosilmaa
salama räiskähtää silmuille,
pisarat piiskaavat puunrunkoja - tuoksu leviää lehdistä,
riippakoivu on korkea vasta vasten taivasta

pellit paukkuvat, sadekaukalot juovat, rännit sylkevät
minkä juovat
            tukos avautuu yli,
            uomissa on virtaa, syntyy pyörivä
vaahtokokkare

etupihan lammikosta nousee leväperäinen hymy
tummuudesta vihertää nurmikko, taittaa valon rytmiön
sade vapauttaa pisaroiden tanssin
kahden kerrallaan yhdessä madon kasteen kiillon

etäällä tuomi nyt kukkinut on
menneisyyttä marjoissaan sepelkyyhkyset laulavat
mustarastaan laulua -

viserrys on sateen jälkeläinen,
talitiainen räpäyttää märkiä sulkiaan,
istahtaa ukonputkelle, nokkii valkoisia pallomaisia
kukintoja -
juuri pestyt, raikkaat.

tyttö säteilee väreilevää usvaa
vain sokea näkee hänen lävitse
käsi kävi silmilläni
nurmen valkealta kajaalilta
yön silmät verhoutuvat -
          väriä näkemättä